DU DANGER
DES MAUVAISES LUNETTES

Hygiène de la vue

PAR

ARTHUR CHEVALIER

INGÉNIEUR-OPTICIEN

fils, petit-fils et successeur

DE

CHARLES - CHEVALIER

ET DE

VINCENT CHEVALIER

La vérité est un coin qu'il faut
faire entrer par le gros bout.
(FONTENELLE.)

PARIS

PALAIS-ROYAL, 158.

ATELIERS

Cour des Fontaines, (1 bis.)

—

1862

RÉCOMPENSES

1827.	Exposition des Produits de l'Industrie (avec Vincent Chevalier.)	*Médaille d'Argent.*
1828.	Athénée des Arts (avec Vincent Chevalier.)	*Médaille d'Argent.*
1830.	Société d'Encouragement.	*Médaille d'Argent.*
1834.	Exposition des Produits de l'Industrie.	*Médaille d'Or.*
1834.	Société d'Encouragement.	*Médaille d'Or.*
1839.	Exposition des Produits de l'Industrie. Rappel de.	*Médaille d'Or.*
1839.	Société d'Encouragement. R de	*Médaille d Or.*
1841.	Société d'Encouragement.	*Médaille de Platine*
1844.	Exposition des Produits de Rappel de.	*Médaille d'Or.*
1847.	Société d'Encouragement.	*Médaille d'Argent.*
1849.	Exposition des Produits de l'Industrie. Rap. de.	*Médaille d'Or.*
1850.	Société d'Encouragement.	*Médaille de Platine*
1855.	Exposition Universelle.	*Médaille de 1re Cl..*
1835.	Exposition de Valenciennes.	*Mention Honorable.*
1834.	Exposition Nationale (Vincent Chevalier.) Rappel de.	*Médaille d'Argent.*
1837.	Académie de l'Industrie (Vincent Chevalier).	*Médaille de Bronze.*
1839.	Exposition Nationale (Vincent Chevalier) Rappel de.	*Médaille d'Argent.*
1840.	Académie de l'Industrie (Vincent Chevalier.)	*Médaille d'Argent.*
1819.	Exposition Nationale (Vincent Chevalier.)	*Citation favorable.*
1822.	Exposition nationale (Vincent Chevalier.	*Mention Honorable.*

DU DANGER

DES

MAUVAISES LUNETTES

PAR

ARTHUR CHEVALIER

INGÉNIEUR-OPTICIEN

Auteur de l'*Hygiène de la vue*, de la *Méthode des portraits grandeur naturelle par la photographie*, du
Perfectionnement au mégascope réfracteur de Charles
Chevalier, inventeur de l'*Ophthalmoscope achromatique*, etc.,

FILS, PETIT-FILS ET SUCCESSEUR

DE

CHARLES CHEVALIER

ET DE

VINCENT CHEVALIER

PARIS

158, PALAIS-ROYAL, 158

Galerie de Valois

Ateliers, Cour des Fontaines, 1 bis

—

1862

"

MAISON

CHARLES CHEVALIER

—*—

Cette ancienne maison, fondée en 1760 au quai de l'Horloge, est la seule du nom de Chevalier ayant reçu des médailles d'or aux expositions ; elle n'a d'autre situation aujourd'hui qu'au **Palais-Royal ;** ses ateliers de la **Cour des Fontaines** sont visibles chaque jour de 9 heures du matin à 7 heures du soir. Parmi les objets que l'on y fabrique, nous citerons particulièrement les lorgnettes jumelles pour le théâtre, la marine et les voyages, les appareils de photographie, les microscopes achromatiques, les lunettes terrestres et astronomiques, les verres en crown glass pur pour la conservation de la vue, les verres teintés, les verres en cristal de roche et tous les instruments pour la physique, l'optique, la chimie, les mathématiques, etc. (Voir le *Catalogue illustré* par 500 dessins.)

DU DANGER

DES

MAUVAISES LUNETTES

Le succès que vient d'obtenir notre petit manuel sur *l'Hygiène de la vue* nous a engagé à préparer *une deuxième édition* de cet ouvrage. Nous pouvons donc dire aujourd'hui que nous ferons paraître dans quelques mois un volume in-18 d'environ 300 pages, destiné à indiquer à chacun les moyens exacts de choisir et de vérifier les lunettes, l'importance du choix du numéro des verres, les préceptes indispensables relatifs à *l'Hygiène de la vue* proprement dite, les considérations relatives à l'application des moyens optiques et aux diverses maladies des yeux, enfin une description sommaire des diverses maladies qui peuvent survenir à l'organe de la vue, organe le plus précieux que nous possédions. Cette deuxième édition sera enrichie d'un grand nombre de figures *noires et coloriées*, et servira à mettre chacun entièrement à même de connaître un sujet des plus importants, et à se mettre en garde contre le charlatanisme, qui, dans ces derniers temps, exploite sur une grande échelle, et fausse à tous égards une des choses les plus utiles à l'humanité.

Nous croyons aussi devoir avertir qu'il nous reste encore quelques exemplaires du *Manuel des myopes et des presbytes* [1], *de Charles Chevalier*. On pourra donc lire cet important ouvrage qui donne tous les renseignements utiles au choix des lunettes, etc. Ayant d'une part, les préceptes contenus dans ce traité, et ceux renfermés dans notre *Hygiène de la vue*, on possédera ce qu'il y a de plus complet sur la question importante des lunettes et sur les divers sujets qui s'y rattachent.

Notre but, en publiant cette petite brochure, est de donner les moyens de se mettre en garde contre le charlatanisme en

[1] Brochure in-8°, avec figures. Prix : 1 fr. 50 c.

esquissant les conditions dans lesquelles doivent être fabriqués les verres de lunettes. Le peu d'attention que chacun met à choisir les verres de lunettes, l'indifférence qui préside à cet égard, explique la facilité avec laquelle les charlatans exploitent un objet dont l'importance est malheureusement méconnue. Cela est pourtant vrai, on achète des lunettes au hasard, comme on achèterait l'objet le plus futile. Vient-on à en éprouver le besoin, on entre dans la première boutique venue, on essaye quelques verres, puis, en un clin d'œil, l'affaire est terminée, et on emporte souvent avec soi un véritable poison, dont les effets fâcheux se montrent alors qu'un grand mal est déjà fait.

Et, disons-le, si l'on était plus attentif, ajouterait-on foi à ces annonces qui foisonnent autour de nous, se laisserait-on prendre à l'enseigne de *l'oculiste opticien*, accompagnée de têtes en cire dépouillées ou non ? Croirait-on bonnement au cristal *épuré*, *purifié*, *gradué*, *convergent*, *divergent*, etc., etc.? croirait-on aussi au cristal de roche, *surtout du Brésil*, régénérant les vues les plus abîmées ? Non, certes, non. Si l'on voulait s'en donner la peine, si on réfléchissait un seul instant, on prendrait plus de soin de sa vue, et on ne la confierait pas au hasard au premier étalagiste de mots que l'on rencontre sur son chemin.

Si l'on ne sait pas ce que l'on risque à ce jeu fatal, en quelques mots je vais l'apprendre, et l'on pourra ensuite apprécier. Nous ne craignons du reste rien, car notre opinion est basée sur celle des plus savants docteurs oculistes et physiciens. Nous examinerons brièvement tout à l'heure les qualités que doivent avoir les verres parfaits; spécifions dès à présent que le plus grand nombre des verres *ont des courbures inégales, que le centre des courbures ne correspond pas à l'axe, que le travail est défectueux, que les courbures sont irrégulières, que la matière employée est mauvaise*, etc.; spécifions aussi que les numéros sont généralement mal adaptés aux vues qui réclament leur secours, qu'il est tantôt trop faible ou trop fort; spécifions aussi qu'il arrive souvent que les deux verres de lunettes ne sont pas de force égale, que souvent même l'un est périscopique et l'autre isoscèle, etc. Nous pourrions encore décrire d'autres défauts, ceux-là nous suffisent pour indiquer qu'en employant des verres entachés des défauts que nous venons d'énumérer, on risque de devenir *aveugle*. Aveugle, dira-t-on! mais certes, car, ne sait-on pas que nos sens sont le résultat d'impressions nerveuses transmises au cerveau ; la vue est peut-être celui de nos sens le plus délicat: donc la perception des objets se faisant par l'impression produite sur la *rétine* c'est-à-dire la partie nerveuse de l'œil, qu'arrivera-t-il si cette *rétine* est émoussée, altérée? Il s'ensuivra nécessairement de la paralysie. et l'on arrivera tout bonnement à *l'amblyopie* ou à *l'amaurose*, c'est-à-dire à la perte partielle ou totale de la vue. Le fait est malheureusement trop connu, et la plupart des amblyopies et des amauroses n'ont souvent d'autre cause que l'emploi de verres de lunettes mal faits, trop forts ou trop faibles.

D'autres maladies, telles que les *choroï-dites*, les *iritis*, etc., peuvent aussi surve-nir par l'emploi des mauvais verres. Du reste, la plus grande partie des maladies des yeux qui désolent l'humanité vient de l'emploi des mauvaises lunettes, et dans les savants traités de nos célèbres docteurs oculistes, MM. Desmarres, Magne, Sichel, Velpeau, etc., on trouve à chaque instant la preuve de ce que nous avançons.

Pour faire de bons verres de lunettes, on doit considérer deux choses : 1° la matière employée pour les faire ; 2° le travail des courbures. Examinons d'abord la première condition. On distingue dans l'emploi gé-néral deux sortes de verres, le crown glass et le flint glass. Le crown glass [1] est du verre fait avec du sable fin et une substance destinée à faciliter la fusion (carbonate de soude). Le flint glass [2] contient en outre de l'oxyde de plomb.

[1] Ces mots anglais signifient *verre de couronne ;* cette étymologie se rapporte à la fabrication du verre à vitres par le procédé dit *en couronne.*

[2] Ces mots anglais signifient *verre de caillou, cristal.*

Le crown glass est le seul bon à employer pour les verres de lunettes. Le flint glass doit être rejeté, car il irise les objets.

Le *crown glass commun* sert à faire nos verres à vitres, nos glaces d'appartements, c'est avec le flint glass que se font nos articles de cristallerie, les ornements de lustres, etc. Il existe aussi du *crown glass pur,* incolore, très-dur, et d'une pureté parfaite, ce dernier s'emploie pour la construction des beaux verres qui servent aux instruments d'optique de précision, tels que ceux des télescopes, les jumelles de théâtre, les microscopes, etc.

De tout cela, nous déduirons que le seul verre capable de faire de bons vérres de lunettes est le *crown glass pur;* malheureusement, il est très-rarement employé, et sur cent paires de verres livrées au public, à peine en rencontrera-t-on deux paires, *la masse des verres de lunettes est faite avec du verre à vitres ou crown glass commun.*

Quelques mots feront comprendre la question du travail. Il se divise 1º en travail *au bloc à la machine à vapeur* : dans ce cas, on travaille deux cents verres à la fois, et on les polit sur des morceaux de gros drap enduits de rouge anglais; 2° en travail *au bloc manuel* : dans ce cas on travaille vingt ou trente verres à la fois, et on les polit sur du drap enduit de rouge anglais; 3° en travail manuel où chaque verre est *fait isolément avec précision, centré, poli au papier fin et au tripoli.*

Il est facile de déduire de cet aperçu que les verres travaillés un à un et polis au papier, sont les meilleurs ; viennent ensuite ceux au bloc manuel, qui, étant triés , constituent des verres passables ; cependant la presque totalité des verres vendus en France résulte du travail au bloc à la machine à vapeur, et non loin de Paris, on en fait 5000 par jour !

Niera-t-on maintenant que la vue puisse être altérée par de tels produits? La loi, certes. devrait intervenir; ce serait un grand bienfait. Pour nous résumer, nous dirons que les seuls bons verres sont ceux en *crown glass pur travaillés isolément au papier.* Que cet avertissement fasse réfléchir; la vue en vaut certes la peine. Si après avoir lu ces quelques lignes, on veut voir par soi-même le travail des verres, il suffira de venir à nos ateliers de la cour des Fontaines, où tous les jours, de 1 heure à 5 heures, nous serons à la disposition des personnes qui voudront voir ce travail et choisir en outre le numéro de leurs verres, car un numéro mal choisi peut entraîner la perte de la vue, quand bien même le verre serait très-bien travaillé.

Quant à la forme des verres, celle dite *périscopique* est préférable à toute autre. Nous spécifierons aussi l'importance de nos verres colorés à teinte enfumée, nécessaires pour atténuer les lumières vives.

En terminant, nous dirons que le cristal de roche n'a d'autre avantage sur le crown glass pur que d'être un peu plus dur. Nous dirons aussi qu'il doit être vérifié en l'achetant, c'est-à-dire qu'il doit montrer par transparence des *anneaux circulaires colorés*, lorsqu'on le place entre deux plaques de tourmaline. S'il ne fait pas voir ces *anneaux, il détruit promptement la vue.*

Peut-être nous accusera-t-on de charlatanisme? *En tous cas nous avons les moyens de prouver ce que nous avançons ; car nous avons des ateliers où l'on peut voir fabriquer nos verres, tandis que ceux qui pourraient nous accuser n'en pourraient montrer autant.* Dans cette espèce, c'est *de visu* qu'il faut porter des jugements. Comme le choix du numéro des verres ne devrait être fait que par des médecins, ou par des opticiens distingués, nous avons construit pour cet usage une trousse contenant tous les verres nécessaires au choix des verres. Nous porterons aussi à la connaissance de MM. les médecins que nous sommes l'auteur de l'*ophthalmoscope achromatique* dont les effets sont supérieurs à ceux des instruments déjà employés. Nos verres en crown glass pur et notre ophthalmoscope achromatique viennent d'être présentés par nous à l'Académie des sciences, à l'Académie de médecine et à la Société de chirurgie.

Prix des Verres de Lunettes

FABRIQUÉS DANS LES ATELIERS DE

ARTHUR CHEVALIER

Fils, petit-fils et successeur de

CHARLES CHEVALIER

ET DE

VINCENT CHEVALIER

Verres en crown-glass pur travaillés isolément au papier.

Fig. 2. Fig. 4.

Fig. 1. Fig. 3.

Convexes ou concaves périscopiques,
pour presbytes et myopes.
(Fig. 3 et 4.)

La paire du n° 80 au n° 5............... 6 »
— 4 1/2 au n° 3............... 7 »
— 2 1/2 et 2............... 9 »

Les verres isoscèles (fig. 1 et 2) se payent 1 fr.
de moins par paire.

Verres en crown ordinaire travaillés au bloc manuel.

(Choisis et triés.)

Nous avons ces verres pour les personnes qui ne voudraient pas payer le prix affecté aux verres parfaits ; nous les garantissons comme ce qu'il y a de mieux en verres fins, mais leur qualité n'approche pas de celle des verres en crown glass pur.

Convexes ou concaves,

pour presbytes ou myopes.

(Isocèles.)

La paire du n° 80 au n° 5................... 2   »
—   4 1/2 au n° 3............·.... 3   »
—   2 1/2 et 2,................. 4   »

Les verres périscopiques se payent 1 fr. de plus.

Verres en cristal de roche travaillés isolément au papier et taillés perpendiculairement à l'axe.

(Montrant les anneaux colorés.)

La paire du n° 80 au n° 5................. 15   »
—   4 1/2 au n° 3............·... 18   »
—   2 1/2 et 2................. 20   »

Montures de lunettes. — Binocles. — Pince-nez. — Lorgnons.—Modèles simples et de luxe.

Verres colorés (teinte enfumée).

(contre la photophobie, etc.)

Ces verres coûtent 1 fr. de plus par paire que ceux non colorés. — Les verres plans, 3 fr. la paire.

Verres prismatiques

(contre la diplopie).

Chaque verre prismatique en crown glass pur.............................. 6 »

DIVERS.

Lunettes à diaphragme variable de Arthur Chevalier.................... 20 »
Lunettes à cônes........................ 15 »
Lunettes à plaques, contre la mydriase. 15 »
Verres pour la cataracte, etc...........

Ophtalmoscopes.

Ophthalmoscope ordinaire............... 12 »
Ophthalmoscope de M. Desmarres..... 15 »
Ophthalmoscope *achromatique* de Arthur Chevalier, avec une lentille.... 30 »
Ophthalmoscope, id., avec quatre lentilles achromatiques, verres pour la myopie et la presbyopie............. 80 »

Trousse optique d'oculiste de Arthur Chevalier.

Trousse complète avec 56 paires de verres convexes et concaves, lunette d'essai en argent .... 100 »

SPÉCIALITÉS.

Lorgnettes jumelles pour le théâtre, la marine, et les voyages.

Lorgnettes jumelles duchesses.

Appareils pour la Photographie. Accessoires. Produits chimiques.

Atelier spécial pour les **leçons de photographie et les portraits grandeur naturelle.**

Microscopes achromatiques et simples pour les gens du monde et les médecins.

Baromètres et **Thermomètres.**

Instruments pour l'optique, la physique, la chimie, les mathématiques, la marine, la minéralogie.

Voir les Catalogues illustrés.

Paris.—Imprimerie Bonaventure et Ducessois,

LISTE

DES CATALOGUES

CATALOGUE explicatif et illustré des **Microscopes achromatiques** et simples, perfectionnés et inventés par CHARLES-CHEVALIER, ingénieur. Brochure in-8 de 50 pages, avec 76 figures gravées en taille-douce. Prix, 1 50

CATALOGUE universel des **Objectifs** doubles inventés par CHARLES-CHEVALIER, et des appareils et accessoires pour la **Photographie**. Brochure in-8, avec 250 figures gravées en taille-douce. Prix, 1 50

CATALOGUE illustré des Instruments de **Mathématiques, Marine** et **Géodésie**, Brochure in-8, avec 68 figures gravées sur bois. Prix, 1 50

CATALOGUE illustré des Instruments d'**Optique** et de **Météorologie** usuelle. Brochure in-8, avec 42 figures gravées sur bois. Prix, 1 50

CATALOGUE illustré des Instruments d'**Optique expérimentale, Physique expérimentale, Chimie, Minéralogie, Essais industriels, Chirurgie**, etc. 1 volume in-8, avec 65 figures gravées sur bois. Prix, 3 50

Les **Cinq Catalogues** cartonnés à l'anglaise et réunis en un seul volume. Prix, 7 »